AF384691

COMPAGNIE GÉNÉRALE DES OMNIBUS

TABLEAU

DES

LIGNES DE TRAMWAYS

Tirage du 1ᵉʳ Novembre 1879

PARIS

IMPRIMERIE Vᵉ RENOU, MAULDE ET COCK

144, Rue de Rivoli, 144

TABLEAU

DES

LIGNES DE TRAMWAYS

Tirage du 1er Novembre 1879

PARIS

IMPRIMERIE Vᶜᵉ RENOU, MAULDE ET COCK

144, Rue de Rivoli, 144

N° D'ORDRE DE LA LIGNE	LETTRE DE LA LIGNE	POINT DE STATIONNEMENT DU DÉPART	POINT DE STATIONNEMENT DE L'ARRIVÉE	ITINÉRAIRE	BUREAUX	LIGNES EN CORRESPONDANCES	POINT DE DÉPART	DURÉE DU SERVICE ÉTÉ PREMIER DÉPART	DURÉE DU SERVICE ÉTÉ DERNIER DÉPART	DURÉE DU SERVICE HIVER PREMIER DÉPART	DURÉE DU SERVICE HIVER DERNIER DÉPART
1	Tr A	**Saint-Cloud** Place d'Armes. —— Stationnement dans une cour. Longueur du parcours : 10,051 mètres.	**Louvre** Sur le quai du Louvre. —— Bureau en bois. Stationnement pour 2 voitures. Durée du trajet : 60 minutes.	Place d'Armes. Pont de Saint-Cloud. Rond-point de Boulogne. Bout de la Reine. Avenue de Versailles. Quai de Passy. — de Billy. — de la Conférence. — des Tuileries. — du Louvre.	1° Pont de Grenelle. 2° Pont de l'Alma. 3° Concorde. 4° Pont des Saints-Pères. 5° Louvre.	1° AM Auteuil — Saint-Sulpice. 2° A Auteuil — Madeleine. Tr.-J Passy — Louvre. Tr.-M Gare d'Orléans — Place de l'Alma. 3° AC La Villette — Champs-Élysées. AF Panthéon — Place Courcelles. 4° H Clichy — Odéon. K Vaugirard — Gare Saint-Lazare. Y Grenelle — Porte Saint-Martin. AG Vaugirard — Louvre. 5° C Porte Maillot — Hôtel-de-Ville. G Batignolles — Jardin des Plantes. I Place Pigalle — Halle aux Vins. N Belleville — Louvre. D Ternes — Calvaire. R Bastille — Faubourg Saint-Honoré. V Maine — Gare du Nord. Tr.-C Louvre — Vincennes. Tr.-F Cours de Vincennes — Louvre. Tr.-K Louvre — Charenton. AG Vaugirard — Louvre.	Saint-Cloud..... Louvre..........	6h 30 matin 7h 20 matin	10h 50 soir 11h 30 soir	7h matin 7h 45 matin	10h 50 soir 11h 30 soir

TARIF

	SEMAINE				DIMANCHES & FÊTES			
	VOYAGEURS ORDINAIRES		SOLDATS ET S.-OFFIC. en uniforme		VOYAGEURS ORDINAIRES		SOLDATS ET S.-OFFIC. en uniforme	
	Intérieur	Impériale	Intérieur	Impériale	Intérieur	Impériale	Impériale	Intérieur
	c.	c.	c.	c.	c.	c.	c.	c.
De Saint-Cloud au Point-du-Jour..........	20	20	10	10	20	20	10	10
De Saint-Cloud à l'ancienne Barrière de Passy	30	30	20	20	40	40	20	20
De Saint-Cloud au Louvre..........	50	50	40	30	75	75	40	40
Du Point-du-Jour à l'ancienne Barrière de Passy	10	10	10	10	20	20	10	10
Du Point-du-Jour au Louvre..........	30	30	30	20	55	55	30	30
De l'ancienne Barrière de Passy au Louvre	20	20	20	10	35	35	20	10

Cette Voiture donne la Correspondance, sans augmentation de prix, pour le Voyageur venant des Fortifications, et moyennant un supplément en semaine seulement de 10 c., pour le Voyageur venant de Passy.

LES DIMANCHES ET FÊTES ET JEUDIS
SERVICE SPÉCIAL POUR RETOUR DES THÉATRES
Tarif unique.

Départ de Saint-Cloud à 11 heures du soir.—Semaine, 85 c., Dimanches et Fêtes, 1 fr.
Départ de Paris à minuit 20 minutes.—Semaine, Dimanches et Fêtes, 1 fr.

La correspondance n'est pas valable pour ce Service spécial.

N° D'ORDRE DE LA LIGNE	LETTRE DE LA LIGNE	POINT DE STATIONNEMENT		ITINÉRAIRE	BUREAUX
		DU DÉPART	DE L'ARRIVÉE		
2	Tr B	**Louvre** Sur le quai du Louvre. — Bureau en bois. *Stationnement pour 1 voiture.* Longueur du parcours : 11,303 mètres	**Sèvres** Carrefour de Ville-d'Avray. — Durée du trajet : 70 minutes.	Quai du Louvre. — des Tuileries. Place de la Concorde. Quai de la Conférence. — de Billy. — de Passy. Avenue de Versailles. Point-du-Jour. Route de Versailles. Pont de Sèvres. Grande rue de Sèvres.	Concorde.

LIGNES EN CORRESPONDANCES	POINT de DÉPART	DURÉE DU SERVICE			
		ÉTÉ		HIVER	
		PREMIER DÉPART	DERNIER DÉPART	PREMIER DÉPART	DERNIER DÉPART
	Louvre	8h 30 matin	10h 30 soir	9h 30 matin	10h soir
40 La Villette — Champs-Elysées. 8 Panthéon — Place Courcelles.	Sèvres	7h 10 matin	9h 10 soir	8h 10 soir	8h 40 soir

Nota. — La correspondance est délivrée moyennant un supplément de 15 centimes. Elle n'est pas valable les dimanches et fêtes.

TARIF

		SEMAINE				DIMANCHES & FÊTES			
		VOYAGEURS ordinaires		SOLDATS et s.-offic.		VOYAGEURS ordinaires		SOLDATS et s.-offic.	
		intérieur	impériale	intérieur	impériale	intérieur	impériale	intérieur	impériale
		f.	f.	f.	f.	f.	f.	f.	f.
De la Rue du Louvre	À l'ancienne barrière de Passy.	20	20	20	20	35	35	10	20
	au Point-du-Jour (fortifications).	30	30	30	25	55	55	30	30
	à Billancourt.	40	40	35	30	65	65	35	35
	à Sèvres.	50	50	40	35	75	75	40	50
De la Place de la Concorde	À l'ancienne barrière de Passy.	30	20	10	10	25	25	10	10
	au Point-du-Jour.	30	30	20	15	45	45	20	20
	à Billancourt.	40	40	25	20	55	55	25	25
	à Sèvres.	50	60	30	25	65	65	30	30
De l'ancienne Barrière de Passy	au Point-du-Jour.	10	10	10	05	20	20	10	10
	à Billancourt.	20	20	15	10	30	30	15	15
	à Sèvres.	30	30	20	15	40	40	20	20
Du Point-du-Jour	à Billancourt.	10	10	05	05	10	10	05	05
	à Sèvres.	20	20	10	10	20	20	10	10
De Billancourt	à Sèvres.	10	10	05	05	10	10	05	05

LES DIMANCHES ET FÊTES SEULEMENT
SERVICE SPÉCIAL POUR RETOUR DES THÉATRES
Tarif unique : 1 fr.

Départ de Sèvres .... 10 h. 40 soir.
Départ du Louvre .... Minuit 20.

N° D'ORDRE DE LA LIGNE	LETTRE DE LA LIGNE	POINT DE STATIONNEMENT DU DÉPART	DE L'ARRIVÉE	ITINÉRAIRE	BUREAUX
3	Tr C	**Louvre** Sur la place Saint Germain-l'Auxerrois.	**Vincennes** Sur l'avenue. (Devant le nouveau fort.)	Quai du Louvre.	1° Louvre
				— de la Mégisserie.	
				— de Gesvres.	
		—	—	— de l'Hôtel-de-Ville.	
				— des Célestins.	
				Boulevard Henri IV.	
				Place de la Bastille.	2° Châtelet.
		Bureau en bois.	Bureau en bois.	Rue du Faubourg-St-Antoine.	
				Place du Trône.	
		Stationnement pour 2 voitures.	Stationnement pour 2 voitures.	Boulevard Picpus.	3° Quai de l'Hôtel-de-Ville.
		Longueur du parcours : 8,045 mètres.	Durée du trajet : 58 minutes.	Avenue de Saint-Mandé.	
				— du Bel-Air.	4° Bastille.
				Place du Bel-Air.	
				Avenue Poirier.	
				Rue de Paris.	5° Place du Trône.

LIGNES EN CORRESPONDANCES

1°
- AG Vaugirard — Louvre.
- C Porte-Maillot — Hôtel-de-Ville.
- G Batignolles — Jardin des Plantes.
- I Place Pigalle — Halle aux Vins.
- N Belleville — Louvre.
- D Ternes — Calvaire.
- R Bastille — Faubourg Saint-Honoré.
- V Maine — Gare du Nord.
- Tr.-A Louvre — Saint-Cloud.
- Tr.-J Louvre — Passy.
- Tr.-M Louvre — Charenton.
- Tr.-F Cours de Vincennes — Louvre.

2°
- C Porte-Maillot — Hotel-de-Ville.
- G Batignolles — Jardin des Plantes.
- J Montmartre — Place Saint-Jacques.
- K Boulevard Saint-Marcel. — Gare du Nord.
- O Ménilmontant — Gare Montparnasse.
- Q Plaisance — Hôtel-de-Ville.
- R Bastille. — Faubourg Saint-Honoré.
- Tr.-Q Pointe Saint-Eustache — Porte d'Ivry.
- AD Place de la République — École Militaire.
- Tr.-G Montrouge — Gare de l'Est.
- Tr.-H La Chapelle — Square Monge.

3°
- T Gare d'Orléans — Square Montholon.

4°
- E Bastille — Madeleine.
- E' Bastille — Place Wagram.
- P Charonne — Place d'Italie.
- R Bastille — Faubourg Saint-Honoré.
- S Barr. Charenton — Pl. de la République.
- Z Bastille — Grenelle.
- Tr.-L Bastille — Pont de l'Alma.
- Tr.-I Bastille — Cimetière Saint-Ouen.
- Tr.-K Louvre — Charenton.

5°
- Tr.-E Trône — La Villette.
- Tr.-F Cours de Vincennes — Louvre.
- Tr. Trône — Montreuil.
- Tr. Trône — Place Walhubert.

DURÉE DU SERVICE

POINT de DÉPART	ÉTÉ PREMIER DÉPART	ÉTÉ DERNIER DÉPART	HIVER PREMIER DÉPART	HIVER DERNIER DÉPART
Louvre	7h 15 matin	Minuit	7h 30 matin	Minuit
Vincennes	6h 30 matin	11h 20 soir	6h 50 matin	11h 20 soir

TARIF

	VOYAGEURS ORDINAIRES Intérieur et plate-forme	Impériale	SOLDATS ET SOUS-OFFICIERS Intérieur et plate-forme	Impériale
	fr. c.	fr. c.	fr. c.	fr. c.
Du Louvre à St-Mandé (fortifications).	» 30	» 15	» 15	» 15
De la porte de St-Mandé à Vincennes.	» 10	» 05	» 05	» 05
Du Louvre à Vincennes.	» 40	» 20	» 20	» 20

N° D'ORDRE DE LA LIGNE	LETTRE DE LA LIGNE	POINT DE STATIONNEMENT		ITINÉRAIRE	BUREAUX	LIGNES EN CORRESPONDANCES	POINT DE DÉPART	DURÉE DU SERVICE ÉTÉ		DURÉE DU SERVICE HIVER	
		DU DÉPART	DE L'ARRIVÉE					PREMIER DÉPART	DERNIER DÉPART	PREMIER DÉPART	DERNIER DÉPART
4	Tr D	**Étoile** Sur l'avenue Wagram. Bureau en bois. Stationnement pour 2 voitures. Longueur du parcours : 6,065 mètres	**La Villette** Sur le boulev. de La Villette. (Au-devant des Docks.) Stationnement pour 10 voitures. Durée du trajet : 44 minutes	Avenue de Wagram. Boulevard de Courcelles. — des Batignolles. — de Clichy. Rochechouart. — de La Chapelle. — de La Villette.	1° Place de l'Étoile. 2° Place des Ternes. 3° Boulevard Courcelles, 68. 4° Parc Monceaux. 5° Boulevard Batignolles, 51. 6° Boulevard Clichy, 61. 7° Place Pigalle. 8° Boulevard Rochechouart. 9° Boulevard Magenta. 10° Boulevard de La Chapelle. 11° Boulevard de La Villette.	1° Tr.-P Trocadéro — Villette. C Porte-Maillot — Hôtel-de-Ville. AB Passy — Bourse. Tr.Étoile — Gare Montparnasse. Tr.Étoile — Pont de Neuilly. Tr.-V La Muette — Rue Tronchet. 2° D Ternes — Calvaire. M Bastille — Faubourg Saint-Honoré. 3° AF Panthéon — Courcelles. 4° Tr. Madeleine — Levallois. Tr. Madeleine — Parc de Neuilly. Tr. Madeleine — Courbevoie. 5° F Bastille — Place Wagram. 6° G Batignolles — Jardin des Plantes. H Clichy — Odéon. Tr.Place Moncey — Gennevilliers. Tr.Place Moncey — Saint-Denis. 7° I Place Pigalle — Halle aux Vins. 8° J Montmartre — Place Saint-Jacques. 9° Tr.-L Cimetière Saint-Ouen — Bastille. 10° Tr.-M La Chapelle — Square Monge. Tr.La Chapelle — Saint-Denis. 11° K La Villette — Saint-Sulpice. AE La Villette — Champs-Élysées. N Belleville — Arts-et-Métiers. Tr.-E La Villette — Trône. Tr.Aubervilliers — Place de la République. Tr.Pantin — Place de la République.	Étoile.......... La Villette,......	7h10 matin 7h » matin	Minuit 11h40 soir	7h30 matin 7h20 matin	Minuit 11h40 soir

TARIF

		SOUS-OFFICIERS ET SOLDATS EN UNIFORME
Intérieur et plate-forme..	30 c.	
Impériale..............	15	15 c.
Impériale avec corresp..	30	

N° D'ORDRE DE LA LIGNE	LETTRE DE LA LIGNE	POINT DE STATIONNEMENT DU DÉPART	POINT DE STATIONNEMENT DE L'ARRIVÉE	ITINÉRAIRE	BUREAUX	LIGNES EN CORRESPONDANCES	POINT DE DÉPART	DURÉE DU SERVICE ÉTÉ — PREMIER DÉPART	DURÉE DU SERVICE ÉTÉ — DERNIER DÉPART	DURÉE DU SERVICE HIVER — PREMIER DÉPART	DURÉE DU SERVICE HIVER — DERNIER DÉPART
5	Tr E	**La Villette** Sur le boulev. de la Villette Bureau en bois. Stationnement pour 4 voitures 5,568 mètres.	**Trône** Sur le plateau. (Entre le boulevard de Picpus et le cours de Vincennes.) Bureau en bois. Stationnement pour 7 voitures Durée du trajet : 32 minutes.	Boulevard de La Villette. — de Belleville. — Ménilmontant. — Charonne. Trône.	1° Boulevard de La Villette. 2° Boulevard de Belleville. 3° Boulevard de Ménilmontant. 4° Père-La-Chaise. 5° Trône.	1° **L** La Villette — Saint-Sulpice. **M** Belleville — Arts-et-Métiers. **AC** La Villette — Champs-Élysées. **Tr. D** La Villette — Étoile. **Tr.-P** La Villette — Trocadéro. **Tr.** Aubervilliers — Place de la République. **Tr.** Pantin — Place de la République. 2° **N** Belleville — Louvre. 3° **O** Ménilmontant — Gare Montparnasse. 4° **P** Charonne — Place d'Italie. 5° **Tr.-F** Cours de Vincennes — Louvre. **Tr.** Montreuil — Trône. **Tr.-C** Louvre — Vincennes. **Tr.** Trône — Place Walhubert.	La Villette...... Trône...........	7h 10 matin 7h » matin	11h 50 soir 11h 35 soir	7h 30 matin 7h 20 matin	11h 50 soir 11h 35 soir

TARIF

SOUS-OFFICIERS ET SOLDATS EN UNIFORME

Intérieur et plate-forme..	30 c.
Impériale..............	15
Impériale, avec corresp..	30

15 c.

N° d'ordre de la ligne	Lettre de la ligne	Point de stationnement — Du départ	Point de stationnement — De l'arrivée	Itinéraire	Bureaux
6	Tr F	**Cours de Vincennes** Sur le cours. (A la hauteur du chemin de fer de Ceinture.) — Bureau en bois. *Stationnement pour 6 voitures.* Longueur du parcours : 6,495 mètres.	**Louvre** Sur la place Saint-Germain-l'Auxerrois. — Bureau en bois. *Stationnement pour 3 voitures.* Durée du trajet : 28 minutes.	Cours de Vincennes.	1° Place du Trône.
				Place du Trône.	2° Boulevard Voltaire, 130.
				Boulevard Voltaire.	
				Place de la République.	3° Place de la République.
				Rue Turbigo.	
				Place Saint-Eustache.	4° Boulevard Sébastopol, 77.
				Rue du Pont-Neuf.	5° Pointe Saint-Eustache.
				— de Rivoli.	
				Place St-Germain-l'Auxerrois.	6° Louvre.
				Au retour, les voitures suivent la place St-Germain-l'Auxerrois, le quai de la Mégisserie, la rue du Pont-Neuf, etc.	

Lignes en correspondances	Point de départ	Été — Premier départ	Été — Dernier départ	Hiver — Premier départ	Hiver — Dernier départ
1° Tr.-E La Villette — Trône. / Tr. Montreuil — Trône. / Tr.-C Louvre — Vincennes. / Tr. Trône — Place Walhubert.					
2° P Charonne — Place d'Italie.	Cours de Vincennes	6h 30 matin	11h 15 soir	6h 50 matin	11h 15 soir
3° E Bastille — Madeleine. / N Belleville — Louvre. / S Barr. Charenton — Pl. de la République. / U Montsouris — Place de la République. / AD Place de la République — École Militaire. / Tr. Place de la République — Aubervilliers. / Tr. Place de la République — Pantin. / Tr.-K Cimetière Saint-Ouen — Bastille.					
4° D Ternes — Calvaire. / Tr.-G Montrouge — Gare de l'Est. / Tr.-H La Chapelle — Square Monge.	Louvre	10h »	Minuit	10h 30	Minuit
5° D Ternes — Calvaire. / F Bastille — Place Wagram. / Tr.-Q Porte d'Ivry — Halles.					
6° C Porte Maillot — Hôtel-de-Ville. / G Batignolles — Jardin des Plantes. / I Place Pigalle — Halle aux Vins. / N Belleville — Louvre. / D Ternes — Calvaire. / R Bastille — Faubourg Saint-Honoré. / V Maine — Gare du Nord. / AG Vaugirard — Louvre. / Tr.-A Louvre — Saint-Cloud. / Tr.-C Louvre — Vincennes. / Tr.-J Louvre — Passy. / Tr.-M Louvre — Charenton.	Halles	7h 20 matin	.	7h 40 matin	.

TARIF

SOUS-OFFICIERS ET SOLDATS EN UNIFORME

Intérieur et plate-forme..	30 c.	⎫
Impériale...............	15	⎬ 15 c.
Impériale, avec corresp..	30	⎭

N° D'ORDRE DE LA LIGNE	LETTRE DE LA LIGNE	POINT DE STATIONNEMENT		ITINÉRAIRE	BUREAUX
		DU DÉPART	DE L'ARRIVÉE		
7	Tr G	**Montrouge** Avenue d'Orléans. (Devant le n° 121.) — *Stationnement pour 10 voitures.* Longueur du parcours : 6,350 mètres.	**Gare de l'Est** Sur le boulev. de Strasbourg. (Devant le n° 16). — *Stationnement pour 3 voitures.* Durée du trajet : 48 minutes.	Avenue d'Orléans. Rue d'Enfer. Boulevard Saint-Michel. Place du Pont-Saint-Michel. Boulevard du Palais. Pont-au-Change. Place du Châtelet. Boulevard de Sébastopol. — de Strasbourg. Gare de l'Est.	1° Place d'Enfer. 2° Boulevard Saint-Michel, 65. 3° Boulevard Saint-Michel, 21. 4° Pont Saint-Michel. 5° Châtelet. 6° Boulevard Sébastopol, 77. 7° Boulevard de Sébastopol, 114. 8° Boulevard de Strasbourg, 70.

LIGNES EN CORRESPONDANCES

1° Tr. Fontenay — Saint-Germain-des-Prés.

2° J Montmartre — Place Saint-Jacques.
  Æ Panthéon — Courcelles.
  Tr.-Q Porte d'Ivry — Halles.

3° J Montmartre — Place Saint-Jacques.
  L La Villette — Saint-Sulpice.
  Tr. Vitry — Square Cluny.
  Tr.-H La Chapelle — Square Monge.
  Tr.-L Bastille — Pont de l'Alma.
  Tr.-M Gare d'Orléans — Place de l'Alma.
  Tr. Ivry — Square de Cluny.
  Tr.-Q Porte d'Ivry — Halles.

4° I Place Pigalle — Halle aux Vins.
  J Montmartre — Place Saint-Jacques.
  Æ Ivry — Pont Saint-Michel.
  Q Plaisance — Hôtel-de-Ville.
  L La Villette — Saint-Sulpice.
  Tr.-Q Porte d'Ivry — Halles.

5° U Porte Maillot — Hôtel-de-Ville.
  G Batignolles — Jardin des Plantes.
  J Montmartre — Place Saint-Jacques.
  K Boulevard Saint-Marcel — Gare du Nord.
  O Ménilmontant — Gare Montparnasse.
  Q Plaisance — Hôtel-de-Ville.
  R Bastille — Faubourg-Saint-Honoré.
  Tr.-Q Porte d'Ivry — Halles.
  AD Place de la République — École Militaire.
  Tr.-H La Chapelle — Square Monge.
  Tr.-K Louvre — Charenton.
  Tr.-C Louvre — Vincennes.

6° D Ternes — Calvaire.
  Tr.-F Cours de Vincennes. — Louvre.

7° L La Villette — Saint-Sulpice.
  E Bastille — Madeleine.
  M Belleville — Arts-et-Métiers.
  N Belleville — Louvre.
  T Gare d'Orléans — Square Montholon.
  Y Grenelle — Porte Saint-Martin.

8° B Gare de l'Est — Trocadéro.
  L La Villette — Saint-Sulpice.
  Tr.-I Cimetière Saint-Ouen — Bastille.
  Tr.-H La Chapelle — Square Monge.
  M Belleville — Arts-et-Métiers.

POINT de DÉPART	DURÉE DU SERVICE			
	ÉTÉ		HIVER	
	PREMIER DÉPART	DERNIER DÉPART	PREMIER DÉPART	DERNIER DÉPART
Montrouge......	7h » matin	11h 35 soir	7h 20 matin	11h 35 soir
Gare de l'Est...	7h » matin	Minuit	7h 20 matin	Minuit

TARIF

SOUS-OFFICIERS ET SOLDATS
EN UNIFORME

Intérieur et plate-forme.. 30 c.	
Impériale............. 15	15 c.
Impériale, avec corresp.. 30	

N° D'ORDRE DE LA LIGNE	LETTRE DE LA LIGNE	POINT DE STATIONNEMENT		ITINÉRAIRE	BUREAUX	LIGNES EN CORRESPONDANCES	POINT DE DÉPART	DURÉE DU SERVICE			
		DU DÉPART	DE L'ARRIVÉE					ÉTÉ		HIVER	
								PREMIER DÉPART	DERNIER DÉPART	PREMIER DÉPART	DERNIER DÉPART

POINT DE STATIONNEMENT

DU DÉPART — **La Chapelle** — Dans la rue de La Chapelle. (Au-devant du n° 184.) — Stationnement pour 9 voitures. — Longueur du parcours : 6,900 mètres.

DE L'ARRIVÉE — **Square Monge** — Dans la rue des Écoles. (Au-devant du square.) — Stationnement pour 5 voitures. — Durée du trajet : 45 minutes.

N° d'ordre de la ligne : **8** — Lettre de la ligne : **Tr H**

ITINÉRAIRE

- Rue de La Chapelle.
- Faubourg-Saint-Denis.
- Rue de Strasbourg.
- Boulevard de Strasbourg.
- Boulevard de Sébastopol.
- Pont-au-Change.
- Boulevard du Palais.
- Pont Saint-Michel.
- Boulevard Saint-Michel.
- Rue des Écoles.
- Square Monge.

BUREAUX

- 1° Boulevard de la Chapelle.
- 2° Boulevard de Strasbourg, 76.
- 3° Boulevard de Sébastopol, 116.
- 4° Boulevard Sébastopol, 77.
- 5° Châtelet.
- 6° Pont Saint-Michel.
- 7° Square Cluny.
- 8° Square Monge.

LIGNES EN CORRESPONDANCES

1°
- Tr.-D Étoile — La Villette.
- Tr.-P Trocadéro — La Villette.
- Tr.La Chapelle — Saint-Denis.

2°
- B Gare de l'Est — Trocadéro.
- L La Villette — Saint-Sulpice.
- M Belleville — Arts-et-Métiers.
- Tr.-X Cimetière Saint-Ouen — Bastille.
- Tr.-G Montrouge — Gare de l'Est.

3°
- L La Villette — Saint-Sulpice.
- E Bastille — Madeleine.
- M Belleville — Arts-et-Métiers.
- N Belleville — Louvre.
- T Gare d'Orléans — Square Montholon.
- Y Grenelle — Porte Saint-Martin.

4°
- D Ternes — Calvaire.
- Tr.-F Cours de Vincennes — Louvre.

5°
- C Porte-Maillot — Hôtel-de-Ville.
- G Batignolles — Jardin des Plantes.
- J Montmartre — Place Saint-Jacques.
- O Ménilmontant — Gare Montparnasse.
- K Boulevard Saint-Marcel — Gare du Nord.
- Q Plaisance — Hôtel-de-Ville.
- R Bastille — Faubourg Saint-Honoré.
- Tr.-Q Porte d'Ivry — Halles.
- Æ Place de la République — École Militaire.
- Tr.-K Louvre — Charenton.
- Tr.-G Montrouge — Gare de l'Est.
- Tr.-C Louvre — Vincennes.

6°
- X Place Pigalle — Halle aux Vins.
- J Montmartre — Place Saint-Jacques.
- Æ Ivry — Pont Saint-Michel.
- L La Villette — Saint-Sulpice.
- Q Plaisance — Hôtel-de-Ville.
- Tr.-Q Porte d'Ivry — Halles.

7°
- J Montmartre — Place Saint-Jacques.
- L La Villette — Saint-Sulpice.
- Tr.Vitry — Square Cluny.
- Tr.-G Montrouge — Gare de l'Est.
- Tr.-L Bastille — Pont de l'Alma.
- Tr.-M Gare d'Orléans — Place de l'Alma.
- Tr.Ivry — Square de Cluny.
- Tr.-Q Porte d'Ivry — Halles.

8
- Z Grenelle — Bastille.

POINT DE DÉPART — DURÉE DU SERVICE

Point de départ	ÉTÉ premier départ	ÉTÉ dernier départ	HIVER premier départ	HIVER dernier départ
La Chapelle	7h » matin	11h 30 soir	7h 20 matin	11h 40 soir
Square Monge	7h 15 matin	nuit	7h 30 matin	nuit

TARIF

SOUS-OFFICIERS ET SOLDATS EN UNIFORME

Intérieur et plate-forme..	30 c.	
Impériale..............	15	15 c.
Impériale, avec corresp..	30	

N° D'ORDRE DE LA LIGNE	LETTRE DE LA LIGNE	POINT DE STATIONNEMENT DU DÉPART	POINT DE STATIONNEMENT DE L'ARRIVÉE	ITINÉRAIRE	BUREAUX	LIGNES EN CORRESPONDANCES	POINT DE DÉPART	DURÉE DU SERVICE — ÉTÉ Premier départ	DURÉE DU SERVICE — ÉTÉ Dernier départ	DURÉE DU SERVICE — HIVER Premier départ	DURÉE DU SERVICE — HIVER Dernier départ
9	Tr I	**Cimetière Saint-Ouen** Sur la route départementale n° 20. (Très l'avenue du cimetière Saint-Ouen.) — Bureau en bois. Stationnement pour 7 voitures. Longueur de parcours 6,850 mètres.	**Bastille** Sur le boulevard Richard-Lenoir. (Côté Nord.) — Bureau en bois. Stationnement pour 7 voitures. Durée du trajet : 50 minutes.	Route Départementale n° 20. Porte de Clignancourt. Boulevard Ornano. — de Magenta. Rue de Strasbourg. Boulevard de Strasbourg. — Magenta. Place de la République. Boulevard Voltaire. — Richard-Lenoir. Place de la Bastille.	1° Boulevard de la Chapelle. 2° Boulevard Magenta. 3° Boulevard de Strasbourg, 70. 4° Place de la République. 5° Bastille.	**1°** Tr.-D Étoile — La Villette. Tr.-P Trocadéro — La Villette. **2°** K Boulevard Saint-Marcel — Gare du Nord. V Maine — Gare du Nord. AC La Villette — Champs-Élysées. **3°** B Gare de l'Est — Trocadéro. L La Villette — Saint-Sulpice. M Belleville — Arts-et-Métiers. Tr.-M Chapelle — Square Monge. Tr.-G Montrouge — Gare de l'Est. **4°** E Bastille — Madeleine. N Belleville — Louvre. S Pl. de la République — Barr. Charenton. AD Place de la République — École Militaire. Tr.-F Cours de Vincennes — Louvre. Tr. Aubervilliers — Place de la République. Tr. Pantin — Place de la République. U Montsouris — Place de la République. **5°** F Bastille — Wagram. P Charonne — Place d'Italie. R Bastille — Faubourg Saint-Honoré. S Barr. Charenton — Pl. de la République. Z Bastille — Grenelle. Tr.-C Louvre — Vincennes. Tr.-K Louvre — Charenton. Tr. Bastille — Gare Montparnasse. Tr. Bastille — Charenton. Tr.-L Bastille — Pont de l'Alma.	Cimetière Saint-Ouen Bastille	7h » matin	11h50 soir	7h30 matin	11h50 soir

TARIF

	INTÉRIEUR ET PLATE-FORME	IMPÉRIALE A. FORT.	IMPÉRIALE M. FORT.	DITS OFFICIERS ET SOLDATS en uniforme
Du Cimetière Saint-Ouen à la Porte Clignancourt.	10 c.	05 c.	»	05 c.
De la Porte Clignancourt à la Bastille.	30 c.	15 c.	30 c.	15 c.
De Saint-Ouen à la Bastille.	40 c.	20 c.	35 c.	20 c.

N° D'ORDRE DE LA LIGNE	LETTRE DE LA LIGNE	POINT DE STATIONNEMENT		ITINÉRAIRE	BUREAUX
		DU DÉPART	DE L'ARRIVÉE		
10	Tr J	**Louvre**	**Passy**	Quai du Louvre.	
		Sur le quai du Louvre.	Sur la chaussée de la Muette.	— des Tuileries.	1° Quai du Louvre.
			(À la hauteur du chemin de fer de Ceinture.)	Place de la Concorde.	
				Quai de la Conférence.	
				Place de l'Alma.	2° Pont des Saints-Pères.
		Bureau en bois.	Bureau en bois.	Avenue du Trocadéro.	3° Place de la Concorde.
		Stationnement pour 2 voitures.	Stationnement pour 6 voitures.	— Raphaël.	4° Place de l'Alma.
		Longueur du parcours : 6,590 mètres.	Durée du trajet : 45 minutes.	— Prudhon.	
				Chaussée de la Muette.	5° Trocadéro.
					6° Avenue du Trocadéro.

LIGNES EN CORRESPONDANCES	POINT de DÉPART	DURÉE DU SERVICE			
		ÉTÉ		HIVER	
		PREMIER DÉPART	DERNIER DÉPART	PREMIER DÉPART	DERNIER DÉPART
1° C Porte-Maillot — Hôtel-de-Ville.					
D Ternes — Calvaire.					
G Batignolles — Jardin des Plantes.					
I Place Pigalle — Halle aux vins.					
V Maine — Gare du Nord.					
N Belleville — Louvre.	Louvre....	7h 30 matin	Minuit	7h 40 matin	Minuit
Tr.-U Louvre — Vincennes.					
K Bastille — Faubourg Saint-Honoré.					
Tr.-K Louvre — Charenton.					
AG Vaugirard — Louvre.					
Tr.-N Cours de Vincennes — Louvre.					
2° H Clichy — Odéon.					
X Vaugirard — Gare Saint-Lazare.					
Y Grenelle — Porte Saint-Martin.					
AG Vaugirard — Louvre.					
3° AP Panthéon — Courcelles.					
AC La Villette — Champs-Élysées.					
4° A Auteuil — Madeleine.	Passy....	7h » matin	11h 15 soir	7h 30 matin	11h 15 soir
Tr. Étoile — Gare Montparnasse.					
Tr. M Gare d'Orléans — Place de l'Alma.					
Tr.-A Louvre — Saint-Cloud.					
5° A Auteuil — Madeleine.					
B Trocadéro — Gare de l'Est.					
Tr.-P Trocadéro — La Villette.					
Tr.-N La Muette — Rue Tronchet.					
6° AB Passy — Bourse.					

TARIF

SOUS-OFFICIERS ET SOLDATS
EN UNIFORME

Intérieur et plate-forme..	30 c.	
Impériale..............	15	15 c.
Impériale, avec corresp..	30	

N° D'ORDRE DE LA LIGNE	LETTRE DE LA LIGNE	POINT DE STATIONNEMENT — DU DÉPART	POINT DE STATIONNEMENT — DE L'ARRIVÉE	ITINÉRAIRE	BUREAUX
11	Tr K	**Louvre** Sur la place Saint-Germain-l'Auxerrois. ——— Bureau en bois. *Stationnement pour 2 voitures.* Longueur du parcours : 8,500 mètres.	**Charenton** Le Pont. (A la hauteur du Pont.) ——— Bureau en bois. *Stationnement pour 6 voitures.* Durée du trajet : 60 minutes.	Rue du Louvre. — de Rivoli. — Saint-Antoine. Place de la Bastille. Boulevard de la Contrescarpe. Place Mazas. Quai de la Râpée. — de Bercy. Route départementale n° 50. Quai de la Gare-aux-Carrières. Route départementale n° 50. Pont de Charenton.	1° Louvre. 2° Châtelet. 3° Rue des Deux-Portes. 4° Place de la Bastille.

LIGNES EN CORRESPONDANCES	POINT DE DÉPART	DURÉE DU SERVICE — ÉTÉ — Premier départ	Dernier départ	HIVER — Premier départ	Dernier départ
1° C Porte-Maillot — Hôtel-de-Ville. D Ternes — Calvaire. G Batignolles — Jardin des Plantes. I Place Pigalle — Halle aux Vins. V Maine — Gare du Nord. R Bastille — Faubourg Saint-Honoré. N Belleville — Louvre. Tr.-J Louvre — Passy. AI Vaugirard — Louvre. Tr.-A Louvre — Saint-Cloud. Tr.-C Louvre — Vincennes. Tr. F Cours de Vincennes — Louvre. **2°** C Porte-Maillot — Hôtel-de-Ville. G Batignolles — Jardin des Plantes. J Montmartre — Place Saint-Jacques. M Boulevard Saint-Marcel — Gare du Nord. O Ménilmontant — Gare Montparnasse. Q Plaisance — Hôtel-de-Ville. R Bastille — Faubourg Saint-Honoré. Tr.-Q Pointe Sainte-Eustache — Porte d'Ivry. AB Place de la République — École Militaire. Tr.-M La Chapelle — Square Monge. Tr.-G Montrouge — Gare de l'Est. **3°** O Ménilmontant — Gare Montparnasse. T Gare d'Orléans — Square Monthaton. **4°** K Bastille — Madeleine. F Bastille — Place Wagram. P Charonne — Place d'Italie. R Bastille — Faubourg Saint-Honoré. S Barrière Charenton — Place de la République. Z Bastille — Grenelle. Tr.-J Bastille — Cimetière Saint-Ouen. Tr.-C Louvre — Vincennes. Tr. Bastille — Gare Montparnasse. Tr.-L Bastille — Pont de l'Alma. Tr. Bastille — Charenton.	Louvre....... Charenton......	7h » matin 0h 30 matin	Minuit 11h » soir	7h 30 matin 7h » matin	Minuit 11h » soir

TARIF

	INTÉRIEUR et place-cocher	IMPÉRIALE av. cocher	IMPÉRIALE ar. cocher	SOUS-OFFICIERS ET SOLDATS en uniforme
Du Louvre aux Fortifications.	30 c.	15 c.	30 c.	15 c.
Des Fortifications à Charenton.	20 c.	10 c.	»	10 c.
Du Louvre à Charenton.	50 c.	25 c.	40 c.	25 c.

N° D'ORDRE DE LA LIGNE	LETTRE DE LA LIGNE	POINT DE STATIONNEMENT DU DÉPART	POINT DE STATIONNEMENT DE L'ARRIVÉE	ITINÉRAIRE	BUREAUX	LIGNES EN CORRESPONDANCES	POINT DE DÉPART	DURÉE DU SERVICE — ÉTÉ — PREMIER DÉPART	DURÉE DU SERVICE — ÉTÉ — DERNIER DÉPART	DURÉE DU SERVICE — HIVER — PREMIER DÉPART	DURÉE DU SERVICE — HIVER — DERNIER DÉPART
12	Tr L	**Bastille** Sur la place. ——— Stationnement pour 2 voitures. Longueur du parcours : 5,300 mètres.	**Pont de l'Alma** (Rive gauche). Sur le quai d'Orsay. (A la hauteur du pont de l'Alma) (Rive gauche). ——— Bureau en bois. Stationnement pour 6 voitures. Durée du trajet : 40 minutes.	Place de la Bastille. Boulevard Henri IV. Pont Sully. Boulevard Saint-Germain. Quai d'Orsay.	1° Bastille. 2° Boulevard Saint-Germain, 14. 3° Place Maubert. 4° Boulevard Saint-Michel, 21. 5° Saint-Germain-des-Prés. 6° Boulevard St-Germain, 207. 7° Boulevard St-Germain, 225.	1° E Bastille — Madeleine. F Bastille — Place Wagram. P Charonne — Place d'Italie. K Bastille — Faubourg Saint-Honoré. S Barrière Charenton — Place de la République. Z Bastille — Grenelle. Tr.-I Bastille — Cimetière Saint-Ouen. Tr. Bastille — Gare Montparnasse. Tr.-K Louvre — Charenton. Tr. Bastille — Charenton. Tr.-C Louvre — Vincennes. 2° K Gare du Nord — Boulevard Saint-Marcel. I Place Pigalle — Halle aux Vins. T Gare d'Orléans — Square Montholon. U Montsouris — Place de la République. G Batignolles — Jardin des Plantes. Z Grenelle — Bastille. Æ Forges d'Ivry — Pont Saint-Michel. Tr.-M Gare d'Orléans — Place de l'Alma. 3° I Place Pigalle — Halle aux vins. 4° J Montmartre — Place Saint-Jacques. L La Villette — Saint-Sulpice. Tr.-G Montrouge — Gare de l'Est. Tr.-H La Chapelle — Square Monge. Tr. Vitry — Square Cluny. Tr. Ivry — Square Cluny. Tr.-Q Porte d'Ivry — Halles. 5° H Clichy — Odéon. L La Villette — Saint-Sulpice. O Ménilmontant — Gare Montparnasse. V Maine — Gare du Nord. Æ Place de la République — École Militaire. Tr. Saint-Germain-des-Prés — Fontenay. Tr. Saint-Germain-des-Prés — Clamart. 6° X Vaugirard — Gare Saint-Lazare. Æ Panthéon — Courcelles. Tr.-M Gare d'Orléans — Place de l'Alma. 7° Y Grenelle — Porte Saint-Martin. Æ Place de la République — École Militaire. Æ Panthéon — Courcelles. Tr.-M Gare d'Orléans — Place de l'Alma.	Bastille......... Alma.........	7h matin	11h50 soir	7h15 matin	11h50 soir
								7h15 matin	11h50 soir	7h15 matin	11h50 soir

TARIF

Intérieur et plate-forme.	30 c.
Impériale..............	15
Impériale, avec corresp..	30

SOUS-OFFICIERS ET SOLDATS EN UNIFORME : 15 c.

N° D'ORDRE DE LA LIGNE	LETTRE DE LA LIGNE	POINT DE STATIONNEMENT DU DÉPART	POINT DE STATIONNEMENT DE L'ARRIVÉE	ITINÉRAIRE	BUREAUX	LIGNES EN CORRESPONDANCES	POINT DE DÉPART	DURÉE DU SERVICE — ÉTÉ — PREMIER DÉPART	ÉTÉ DERNIER DÉPART	HIVER PREMIER DÉPART	HIVER DERNIER DÉPART
13	**Tr M**	**Gare d'Orléans** Sur le quai Saint-Bernard. (En aval du pont d'Austerlitz.) — Bureau en bois. Stationnement pour 4 voitures. Longueur du parcours : 5,500 mètres.	**Pont de l'Alma** Sur la place de ce nom. — Bureau en bois. Stationnement pour 6 voitures. Durée du trajet : 40 minutes.	Quai Saint-Bernard. Boulevard Saint-Germain. Quai d'Orsay. Pont de l'Alma.	1° Gare d'Orléans. 2° Boulevard Saint-Germain, 1b. 3° Place Maubert. 4° Boulevard Saint-Michel, 21. 5° Saint-Germain-des-Prés. 6° Boulevard St-Germain, 207. 7° Boulevard St-Germain, 225. 8° Place de l'Alma.	1° { F Charonne — Place d'Italie. / T Gare d'Orléans — Square Montholon. / Æ Forges d'Ivry — Pont Saint-Michel. / Tr. Bastille — Gare Montparnasse. / Tr. Place Walhubert — place du Trône. / Tr. Place Walhubert — Villejuif. } 2° { M Gare du Nord — Boulevard Saint-Marcel. / G Batignolles — Jardin des Plantes. / Tr.-L Bastille — Pont de l'Alma. / I Place Pigalle — Halle aux Vins. / U Montsouris — Place de la République. / Z Grenelle — Bastille. / T Gare d'Orléans — Square Montholon. } 3° { R Place Pigalle — Halle aux Vins. } 4° { J Montmartre — Place Saint-Jacques. / L La Villette — Saint-Sulpice. / Tr.-G Montrouge — Gare de l'Est. / Tr.-M La Chapelle — Square Monge. / Tr. Vitry — Square Cluny. / Tr. Ivry — Square Cluny. / Tr.-O Porte d'Ivry — Halles. } 5° { H Clichy — Odéon. / L La Villette — Saint-Sulpice. / O Ménilmontant — Gare Montparnasse. / V Maine — Gare du Nord. / AD Place de la République — École Militaire. / Tr. Saint-Germain-des-Prés — Fontenay. / Tr. Saint-Germain-des-Prés — Clamart. } 6° { Tr.-L Bastille — Pont de l'Alma. / X Vaugirard — Gare Saint-Lazare. / AF Panthéon — Courcelles. } 7° { Y Grenelle — Porte Saint-Martin. / AD Place de la République — École Militaire. / Æ Panthéon — Courcelles. / Tr.-L Bastille — Pont de l'Alma. } 8° { A Auteuil — Madeleine. / Tr.-A Louvre — Saint-Cloud. / Tr. Étoile — Gare Montparnasse. / Tr.-J Louvre — Passy. }	Gare d'Orléans. Alma.	7h15 matin 7h15 matin	11h50 soir 11h50 soir		

TARIF

SOUS-OFFICIERS ET SOLDATS
EN UNIFORME

Intérieur et plate-forme.	30 c.	} 15 c.
Impériale.............	15	
Impériale, avec corresp..	30	

N° d'ordre de la ligne	Lettre de la ligne	POINT DE STATIONNEMENT DU DÉPART	POINT DE STATIONNEMENT DE L'ARRIVÉE	ITINÉRAIRE	BUREAUX
14	Tr N	**La Muette** — Sur la chaussée de la Muette. (A la hauteur du chemin de fer de Ceinture.) — — Bureau en bois. — Stationnement pour 6 voitures. — Longueur du parcours : 5.425 mètres.	**Rue Tronchet** — Sur le boulev. Haussmann. (A la hauteur de la rue de Rome.) — — Bureau en bois. — Stationnement pour 2 voitures. — Durée du trajet : 52 minutes.	Chaussée de la Muette. — Avenue Prudhon. — — Raphaël. — — du Trocadéro. — — Kléber. — Place de l'Étoile. — Avenue Friedland. — Boulevard Haussmann.	1° Avenue du Trocadéro. — 2° Trocadéro. — 3° Place de l'Étoile. — 4° Boulevard Haussmann, 169. — 5° Boulevard Malesherbes.

LIGNES EN CORRESPONDANCES	POINT de DÉPART	DURÉE DU SERVICE — ÉTÉ — Premier départ	DURÉE DU SERVICE — ÉTÉ — Dernier départ	DURÉE DU SERVICE — HIVER — Premier départ	DURÉE DU SERVICE — HIVER — Dernier départ
1° AB Passy — Bourse. — A Auteuil — Madeleine. — 2° M Trocadéro — Gare de l'Est. — Tr.-J Louvre — Passy. — Tr.-P Trocadéro — Villette. — C Porte-Maillot — Hôtel-de-Ville. — AB Passy — Bourse. — 3° Tr.-D Étoile — La Villette. — Tr.-P Trocadéro — La Villette. — Tr. Étoile — Gare Montparnasse. — Tr. Étoile — Suresnes. — AB Passy — Bourse.	La Muette......	6h 45 matin	11h 10 soir	7h matin	11h 40 soir
4° D Ternes — Calvaire. — R Bastille — Faubourg Saint-Honoré. — B Trocadéro — Gare de l'Est. — Æ Panthéon — Place Courcelles. — 5° Tr. Madeleine — Neuilly. — Tr. Madeleine — Levallois. — Tr. Madeleine — Courbevoie.	Rue Taitbout...	7h 40 matin	Minuit	7h 50 matin	Minuit

TARIF

SOUS-OFFICIERS ET SOLDATS EN UNIFORME

Intérieur et plate-forme.	30 c.	
Impériale...............	15	} 15 c.
Impériale, avec corresp..	30	

N° D'ORDRE DE LA LISTE	LETTRE DE LA LIGNE	POINT DE STATIONNEMENT DU DÉPART	POINT DE STATIONNEMENT DE L'ARRIVÉE	ITINÉRAIRE	BUREAUX	LIGNES EN CORRESPONDANCES	POINT DE DÉPART	DURÉE DU SERVICE ÉTÉ PREMIER DÉPART	DURÉE DU SERVICE ÉTÉ DERNIER DÉPART	DURÉE DU SERVICE HIVER PREMIER DÉPART	DURÉE DU SERVICE HIVER DERNIER DÉPART
15	Tr O	**Auteuil** Sur la place de l'Embarcadère — *Stationnement pour 2 voitures.* Longueur du parcours : 2,700 mètres.	**Boulogne** Sur le Rond-Point. — *Stationnement pour 2 voitures.* Durée du trajet : 20 minutes.	Place de l'Embarcadère. Rue d'Auteuil. Porte d'Auteuil. Route départementale n° 29. Grande rue de Boulogne. Rond-Point de Boulogne.			Auteuil	7ʰ 15 matin	10ʰ 30 soir	7ʰ 30 matin	11ʰ » soir
							Boulogne	7ʰ » matin	10ʰ » soir	7ʰ 15 matin	11ʰ 30 soir

TARIF

Intérieur et plate-forme .... 15 c.

Impériale .... 10 c.

N° D'ORDRE DE LA LIGNE	LETTRE DE LA LIGNE	POINT DE STATIONNEMENT		ITINÉRAIRE	BUREAUX
		DU DÉPART	DE L'ARRIVÉE		
					1° Trocadéro.
				Avenue du Roi-de-Rome.	
					2° Place de l'Étoile.
				Place de l'Étoile.	
		Trocadéro	**La Villette**		
		(Sur l'avenue du Roi-de-Rome.	Sur le boulev. de la Villette.	Avenue de Wagram.	3° Place des Ternes.
			Au-devant des Docks.)		
				Boulevard de Courcelles.	4° Boulevard Courcelles, 98.
16	**Tr P**	—	—		5° Parc Monceaux.
				— des Batignolles.	6° Boulevard Batignolles, 54.
		Bureau en bois.		— de Clichy.	7° Boulevard Clichy, 95.
		Stationnement pour 2 voitures.	*Stationnement pour 4 voitures.*		8° Place Pigalle.
		Longueur du parcours :	Durée du trajet :	— Rochechouart.	9° Boulevard Rochechouart.
		7,365 mètres.	56 minutes.		10° Boulevard Magenta.
				— de La Chapelle.	11° Boulevard de La Chapelle.
				— de La Villette.	12° Boulevard de La Villette.

	LIGNES EN CORRESPONDANCES	POINT de DÉPART	DURÉE DU SERVICE						
			ÉTÉ		HIVER				
			PREMIER DÉPART	DERNIER DÉPART	PREMIER DÉPART	DERNIER DÉPART			
1°	**A** Auteuil — Madeleine. **B** Trocadéro — Gare de l'Est. **Tr.-J** Passy — Louvre. **Tr.-N** Muette — Rue Tronchet.								
2°	**C** Porte-Maillot — Hôtel-de-Ville. **AB** Passy — Bourse. **Tr.** Étoile — Gare Montparnasse. **Tr.** Étoile — Pont de Neuilly. **Tr.-N** La Muette — Rue Tronchet. **Tr.-D** Étoile — Villette.								
3°	**D** Ternes — Calvaire. **R** Roule — Bastille.	Trocadéro......	7ʰ 10 matin	Minuit	7ʰ 15 matin	11ʰ » soir			
4°	**AF** Panthéon — Courcelles.								
5°	**Tr.** Madeleine — Levallois. **Tr.** Madeleine — Parc de Neuilly. **Tr.** Madeleine — Courbevoie.								
6°	**N** Bastille — Place Wagram.								
7°	**G** Batignolles — Jardin des Plantes. **H** Clichy — Odéon. **Tr.** Place Moncey — Gennevilliers. **Tr.** Place Moncey — Saint-Denis.								
8°	**X** Place Pigalle — Halle aux Vins.	La Villette......	7ʰ 40 matin	11ʰ 40 soir	7ʰ 50 matin	11ʰ 40 soir			
9°	**J** Montmartre — Place Saint-Jacques.								
10°	**Tr.-I** Cimetière Saint-Ouen — Bastille.								
11°	**Tr.-H** La Chapelle — Square Monge. **Tr.** La Chapelle — Saint-Denis.								
12°	**L** La Villette — Saint-Sulpice. **AC** La Villette — Champs-Élysées. **M** Belleville — Arts-et-Métiers. **Tr.-E** La Villette — Trône. **Tr.** Aubervilliers — Place de la République. **Tr.** Pantin — Place de la République.								

TARIF

SOUS-OFFICIERS ET SOLDATS
EN UNIFORME

Intérieur et plate-forme.	30 c.
Impériale.............	15
Impériale, avec corresp..	30

15 c.

N° D'ORDRE DE LA LIGNE	LETTRE DE LA LIGNE	POINT DE STATIONNEMENT DU DÉPART	POINT DE STATIONNEMENT DE L'ARRIVÉE	ITINÉRAIRE	BUREAUX	LIGNES EN CORRESPONDANCES	POINT DE DÉPART	DURÉE DU SERVICE — ÉTÉ PREMIER DÉPART	DERNIER DÉPART	HIVER PREMIER DÉPART	DERNIER DÉPART
17	Tr Q.	**Porte d'Ivry** Sur la route d'Ivry. (Devant la maison n° 19.) — Stationnement pour 6 voitures. Longueur du parcours : 5,590 mètres.	**Halles** A la pointe Saint-Eustache. — Bureau en bois. Stationnement pour 3 voitures. Durée du trajet : 55 minutes. *NOTA* La ligne est provisoirement exploitée en voitures-oreillons.	Route d'Ivry. — de Choisy. Place d'Italie. Avenue des Gobelins. Rue des Feuillantines. — Gay-Lussac. Boulevard Saint-Michel. Place Saint-Michel. Pont Saint-Michel. Boulevard du Palais. Pont au Change. Châtelet. Rue Saint-Denis. — des Halles. — du Pont-Neuf. Pointe Saint-Eustache.	1° Avenue de Choisy, 196. 2° Avenue des Gobelins. 3° Rue des Feuillantines, 5. 4° Boulevard Saint-Michel, 65. 5° Boulevard Saint-Michel, 21. 6° Place Saint-Michel. 7° Châtelet. 8° Pointe Saint-Eustache.	1° K Charonne — Place d'Italie. Tr. Villejuif — Place Walhubert. Tr. Vitry — Square Cluny. Tr. Ivry — Square Cluny. 2° K Gare du Nord — Boulevard Saint-Marcel. Tr. Bastille — Gare Montparnasse. Tr. Vitry — Square Cluny. Tr. Ivry — Square Cluny. 3° U Montsouris — Place de la République. 4° J Montmartre — Place Saint-Jacques. AE Panthéon — Courcelles. Tr.-G Montrouge — Gare de l'Est. 5° L La Villette — Saint-Sulpice. Tr.-G Montrouge — Gare de l'Est. Tr.-H Chapelle — Square Monge. Tr.-L Bastille — Pont de l'Alma. Tr.-M Gare d'Orléans — Place de l'Alma. Tr Ivry — Square Cluny. Tr. Vitry — Square Cluny. 6° I Place Pigalle — Halle aux Vins. L La Villette — Saint-Sulpice. Q Plaisance — Hôtel de Ville. AE Forges d'Ivry — Place Saint-Michel. Tr.-G Montrouge — Gare de l'Est. Tr.-H Chapelle — Square Monge. 7° C Porte Maillot — Hôtel de Ville. G Batignolles — Jardin des Plantes. J Montmartre — Place Saint-Jacques. K Gare du Nord — Boulevard Saint-Marcel. O Ménilmontant — Gare Montparnasse. Q Plaisance — Hôtel de Ville. R Bastille — Faubourg Saint-Honoré. AD Ecole militaire — Place de la République. Tr.-C Vincennes — Louvre. Tr.-G Montrouge — Gare de l'Est. Tr.-H Chapelle — Square Monge. Tr.-K Charenton — Louvre. 8° D Ternes — Calvaire. F Bastille — Place Wagram. Tr.-F Cours de Vincennes — Louvre.	Porte d'Ivry .... Halles	7h » matin	11h 30 soir	7h 15 matin	11h 15 soir
								7h 50 matin	11h 30 soir	8h » matin	11h 15 soir

Imp. Vve Renou, Maulde & Cock, R. Rivoli, 144, à Paris.

www.ingramcontent.com/pod-product-compliance
Ingram Content Group UK Ltd.
Pitfield, Milton Keynes, MK11 3LW, UK
UKHW021206140726
13695UKWH00005B/2378